모험이
답이다

RISK IS RIGHT: Better to Lose Your Life Than to Waste It
by John Piper

Copyright ⓒ 2013 by Desiring God Foundation
Published by Crossway a publishing ministry of Good News Publishers
Wheaton, Illinois 60187, U.S.A.

First published as "Risk Is Right: Better to Lose Your Life Than to Waste It"
chapter 5 in Don't Waste Your Life (Crossway),
copyright 2003 by Desiring God Foundation, pp. 79-98.

This edition published by arrangement with Crossway through rMaeng2,
Seoul, Republic of Korea.
All rights reserved.

This Korean Edition Copyright ⓒ 2016 by Word of Life Press, Seoul,
Republic of Korea.

이 한국어판 저작권은 알맹2를 통하여
Crossway와 독점 계약한 생명의말씀사에 있습니다. 신 저작권법에 의하여
한국 내에서 보호 받는 저작물이므로 무단 전재와 무단 복제를 금합니다.

모험이 **답**이다

ⓒ 생명의말씀사 2016

2016년 7월 25일 1판 1쇄 발행
2023년 8월 16일   4쇄 발행

펴낸이 | 김창영
펴낸곳 | 생명의말씀사

등록 | 1962. 1. 10. No.300-1962-1
주소 | 서울시 종로구 경희궁1길 6 (03176)
전화 | 02)738-6555(본사) · 02)3159-7979(영업)
팩스 | 02)739-3824(본사) · 080-022-8585(영업)

기획편집 | 박미현, 유영란
디자인 | 조현진, 윤보람
인쇄 | 주손디앤피
제본 | 주손디앤피

ISBN 978-89-04-16552-0 (03230)

저작권자의 허락없이 이 책의 일부 또는 전체를
무단 복제, 전재, 발췌하면 저작권법에 의해 처벌을 받습니다.

삶도 신앙도
제자리걸음 같을 때

모험이 답이다

RISK IS RIGHT

존 파이퍼 지음 | 전의우 옮김

생명의말씀사

일러두기

본 도서의 내용은 『삶을 허비하지 말라』(생명의말씀사, 2010)의 '5장 그리스도를 위해 위험을 감수하라'로 최초 출간되었습니다. 원서출판사에서 해당 부분을 새롭게 편집하고 내용을 보강하여 소책자로 출간한 것을 번역·출간한 것입니다.

목차

추천의 글.
더 값진 보화를 선택하라 _데이비드 플랫   06

1장 무엇을 위해 사는가?   14
2장 왜 모험을 해야 하는가?   20
3장 구약에서 찾은 모험   30
4장 위대한 모험가 바울   38
5장 모험할 때, 하지 않을 때   46
6장 모험을 하는 그릇된 이유   52
7장 우리를 지키는 약속   58
8장 하나님의 사랑이 승리한다   70

추천의 글 더 값진 보화를 선택하라

물러날 것인가, 모험을 무릅쓸 것인가?

구속의 역사 내내 하나님의 백성은 이 질문과 맞닥뜨려야 했다. 존 파이퍼 목사님의 말처럼 이스라엘 백성은 가데스바네아에서 그 중요한 날을 맞아 이 결정을 내려야 했다. 그들은 하나님의 약속을 받았지만, 약속의 땅을 앞두고 모험을 하기보다 물러나기를 선택했다. 하나님의 신실하심에 목숨을 거는 대신 두려워하며 움츠렸다. 그 대가는 엄청났다. 하나님은 그 세대 전부를 광야에서 헛되이 죽도록 내버려두셨다.

우리의 사명은 무엇인가

세월이 흘러 다시 하나님의 백성이 그때와 비슷한 상황을 맞이하고 있다. 지금 우리가 사는 세계는 인구의 절반이 하루

2달러 이하로 연명하고, 10억 명 이상이 절망적인 빈곤 가운데 놓였다.

영적인 빈곤은 더 심각하다. 수십억 이상이 거짓 신을 섬기는 데 빠져 있고, 그중 약 20억은 아직도 복음을 들어보지 못했다. 즉 자신의 죄를 위해 그리스도께서 죽으셨다는 소식을 들을 기회조차 얻지 못한 사람이 20억이라는 것이다. 미전도 종족 대부분이 기독교에 적대적인 접근 곤란 지역에 살고 있다. 우리의 형제자매가 지금 박해당하고 감금당하고 살해당하는 지역에 살고 있다는 말이다.

교회가 직면한 어려움이 크지만, 그리스도께서 주신 사명은 분명하다. 모든 족속으로 제자를 삼으라는 것이다. 하나님의 영광을 위해 하나님의 복음을 땅 끝까지 전하는 데 당신의 삶을 사용하라. 이 사명을 수행하는 동안 주님의 주권적 권위를 신뢰하고, 그분의 내주하심을 의지함으로 그 무엇과도 비교할 수 없는 기쁨을 누리기 바란다.

예수님은 그만한 가치가 있다

우리는 지금 우리의 가데스바네아에 서 있다. 따라서 선택을 해야 한다. 우리도 그들처럼 물러나 광야에서 기회를 허비할 수 있다. 이 세상이 주는 안전에 매달림으로써 편안하고 편리하며 안락한 삶에 안주할 수 있다. 물질주의와 소비지상주의, 개인주의에 함몰된 현대 문화를 유람할 수 있다. 이 시대정신에 영합해 세상 쾌락, 세상 소유, 세상 야망을 추구하고 쌓는 데 우리의 삶을 사용할 수 있다. 이 모두를 '문화에 적합한 기독교'라는 기치 아래 할 수 있다.

우리는 반대로 예수 그리스도의 가치가 이보다 더 소중하다고 결단할 수 있다. 그분이 우리를 창조하셨고, 구원하셨으며, 이 세상은 줄 수 없는 더 위대한 목적을 위해 우리를 부르셨다고 인정할 수 있다. 우리는 자신과 자신의 소원, 자신의 꿈, 자신의 야망, 자신의 우선순위, 자신의 계획에 대해 죽을 수 있다. 그리스도와 그분의 계획은 그런 모험을 무릅쓸 만한 대가를 반드시 가져다주리라 믿기 때문이다.

복음의 기쁨으로 무장하라
예수님은 제자들에게 이렇게 말씀하셨다.

"천국은 마치 밭에 감추인 보화와 같으니 사람이 이를 발견한 후 숨겨 두고 기뻐하며 돌아가서 자기의 소유를 다 팔아 그 밭을 사느니라"(마 13:44).

나는 이 비유를 좋아한다. 밭을 거닐다 우연히 보화가 발에 걸렸다고 상상해보라. 게다가 그 보화는 당신이 일해서 벌 수 있는 정도가 아니다. 평생 만나볼 수 있는 것보다 훨씬 더 값지다. 당신의 현재 소유뿐 아니라 앞으로 소유할 수 있는 것보다 더 값진 보화이다. 당신은 혹시 누가 보지 않았는지 주위를 살핀다. 아무도 없는 것을 확인하고는 재빨리 보화를 밭에 파묻고 아무 일 없다는 듯 태연히 걸어간다. 그 길로 당신의 전부를 팔아 밭을 살 돈을 마련한다. 사람들은 당신에게 미쳤다고 말한다.

"지금 제정신이야?"

가족과 친구들의 성화에 당신이 대답한다.

"저 밭을 사려고 그래."

다들 못 믿겠다는 표정이다.

"갑자기 왜? 너무 경솔한 판단 같은데."

"그냥 그래야 할 것 같은 생각이 들어."

이 말을 하며 당신은 속으로 쾌재를 부른다.

당신이 쾌재를 부르는 이유는, 다른 사람이 무모하다고 생각하는 이 모험이 사실은 앞으로 받을 보상에 비하면 아무것도 아님을 알기 때문이다. 그래서 기뻐하면서! 모든 것을 판다. 왜인가? 다른 모든 것을 잃어도 될 만한 가치를 발견했기 때문이다.

이것이 복음에 나타난 예수님의 비유이다. 예수님은 다른 모든 것을 잃어도 좋을 만큼 가치 있는 분이다. 이를 진정으로 믿는다면, 우리의 전부를 걸고 모험을 하면서 그리스도를 알고 그리스도께 순종하는 일은 절대로 희생이 아니다. 이것은 상식이 있다면 당연한 일이다. 세상의 모든 목적과 소유와 즐거움, 안전을 내려놓고 어떤 값을 치르든 예수님이 이끄시는 대로 따르는 것은 희생이 아니라 지혜로운 일이다. 짐 엘리엇은 이렇게 말했다.

"잃을 수 없는 것을 얻고자 지킬 수 없는 것을 내주는 사람은 결코 바보가 아니다."

모험을 무릅쓰는 담대함

존 파이퍼 목사님을 보내 주시고, 그리스도의 뛰어나심을 추구한 수많은 사람을 보내 주신 하나님을 찬양한다. 대학 시절 존 파이퍼 목사님의 "하나님을 위해 죽으신 그리스도"라는 설교를 듣고는 '하나님 중심의 하나님'이라는 성경적 비전에 매료되었다. 나의 궁극적 존재 이유가 하나님을 높이는 것이라는 사실을 새롭게 깨달았다. 나아가 나의 가장 큰 기쁨은 실로 하나님의 가장 큰 기쁨 안에 있다는 것과, 그리스도는 분명 모든 것을 내려놓고 잃어도 좋을 만한 값진 보화라는 사실을 알게 되었다. 이것은 성경의 한 중심 주제, 아마도 유일한 중심 주제이며, 존 파이퍼 목사님의 사역에 배어 있는 핵심적인 진리이다. 그런 의미에서 그리스도인의 모험을 다룬 이 책은 매우 중요하다고 할 수 있다.

하나님께서 이 책을 사용하셔서 그리스도 안에서는 죽는 것조차도 유익함을 알기에 모험 앞에서 담대한 교사, 교회 지도 자들의 무리를 일으키시기를 기도한다. 우리 위에 있는 하나님의 큰 영광을 볼 때 그리고 우리 주위에 있는 세상의 큰 필요를 생각할 때 물러나는 것은 의문의 여지없이 잘못된 일이다. 우리의 영혼을 위해서도, 우리 구주의 영광을 위해서도 모험은 가장 확실하게 올바른 결정이다.

_데이비드 플랫(David Platt)

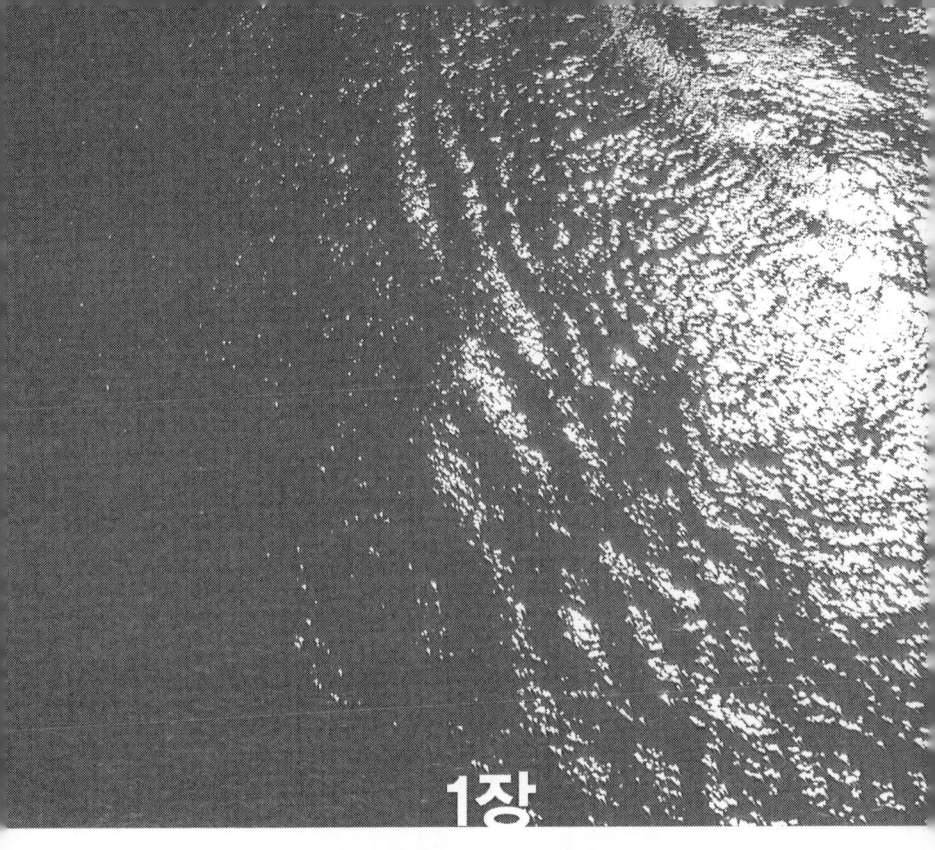

1장

무엇을 위해 사는가?

"나의 간절한 기대와 소망을 따라 아무 일에든지 부끄러워하지 아니하고 지금도 전과 같이 온전히 담대하여 살든지 죽든지 내 몸에서 그리스도가 존귀하게 되게 하려 하나니 이는 내게 사는 것이 그리스도니 죽는 것도 유익함이라"(빌 1:20, 21).

사도 바울에게 인생이 무엇이며, 그의 인생의 궁극적 목적은 무엇인지, 즉 헛되지 않은 인생이 무엇인지 묻는다면 아마 이렇게 대답할 것이다. 그리스도를 영화롭게 하고 존귀하게 하는 것. 이것이 바로 바울의 인생의 의미였으며, 또 우리 인생의 의미가 되어야 할 한 가지다. 바울은 자신의 죽음의 의미 역시 그와 같기를 기도했다. 즉 살아도 주를 위해 살고, 죽어도 주를 위해 죽기 원했다.

온 우주는 그리스도를 존귀하게 하도록 창조되었다. 골로새서 1장 16절에서 바울은 "만물이 다 그로 말미암고 그를 위하여 창조되었다"고 말한다. 다시 말해 모두가 그리스도의 영광을 위해 있다. 그리스도를 존중하고, 높이며, 경이로워하고, 찬양하고, 신뢰하고, 경배하고, 순종과 충성을 돌리기 위해 있다. 이러한 인생의 의미는 우주적으로 적용되는 것이다. 곧 세계 모든 사람에게 해당된다는 말이다.

하나님은 왜 바울을, 그 뒤의 수많은 사람을 부르셔서 열방에 복음의 대사로 보내셨을까? 바울은 우리가 모든 나라 가운데서 그의 이름을 위한 믿음의 순종을 일으키기 위해 은혜와 사도의 직분을 받았다고 말한다(롬 1:5 참조).

예수님의 죽으심으로 우리의 죄를 대속하신 후, 하나님은 그리스도를 죽은 자 가운데서 일으키시고 "지극히 높여 모든 이름 위에 뛰어난 이름을 주셨다"(빌 2:9). 하나님이 이렇게 하신 이유는 예수 그리스도를 우주적으로 인정하려는 것이었다. 하나님은 이렇게 예수님을 높이심으로 "하늘에 있는 자들과 땅에 있는 자들과 땅 아래에 있는 자들로 모든 무릎을 예수의 이름에 꿇게 하셨다"(빌 2:10).

존 스토트는, 세계 선교를 빙자해 자기 나라와 자기 교회, 자기 기관 혹은 자기 영광을 추구하는 사악한 제국주의에 대해 경고하며 깜짝 놀랄만한 표현을 했다. "오직 한 가지 제국주의만을 기독교라 부를 수 있는데 곧 우리의 폐하이신 예수 그리스도와 그의 나라 또는 그의 왕국의 영광에 대한 관심뿐이다."[1] 우리가 살고 죽는 것은 그리스도와 그의 영광스러운 우주적 나라를 확장시키기 위해서다. 남녀노소 빈부귀천을 막론해 우리 삶이 부르짖는 것은 그리스도의 영광이며, "온전히 담대하여 살든지 죽든지 내 몸에서 그리스도가 존귀하게 되게 하려는 것이다."

삶과 죽음으로 그리스도를 높이는 방법은 수없이 많다. 그러나 예수님의 이름으로 다른 사람을 위해 희생하는 사랑보다 더 그분의 존귀함을 높이는 것은 없다. 죽는 그 순간 또 이후로 영원히 예수님을 뵈리라는 소망으로 죽음에 대한 두려움을 이기고 다른 이들의 유익을 위해 목숨을 내놓는다면, 그 사랑은 세상 무엇보다 더 그리스도의 영광을 높이는 것이다.

---

1 John Stott, *The Message of Romans* (Downers Grove, IL: InterVarsity, 1994), 53.

성경은 그리스도께서 "그 앞에 있는 기쁨을 위하여"(히 12:2) 십자가를 참으셨다고 말한다. 이 기쁨은 죽은 자 가운데서 일으킴을 받아 아버지의 영광으로 돌아가 수없이 많은 사람을 파멸에서 구원하고 온 세상을 새롭게 하여 수많은 사람에게 둘러싸여 예배를 받는 기쁨을 말한다. 예수님께서 죄인을 구원하고자 자신의 목숨을 내놓으신 것보다 더 위대한 사랑은 없다(요 15:13; 롬 5:6-8). 그러므로 위대한 사랑의 행위는 무덤을 넘어서는 기쁨에 대한 소망으로 가능해진다.

예수님도 하나님 앞에 설 기쁨을 소망하며 다른 사람을 위해 죽어야 하는 시간을 견디셨다. 하물며 우리가 그 소망 없이 다른 사람을 위해 희생할 수 있겠는가? 오만한 생각을 버리자. 초대 그리스도인이 다른 사람을 위해 재산과 목숨을 내놓을 수 있던 것은 죽음 저편에 계신 예수님이 그들의 큰 상급이 되실 것을 알았기 때문이다. "너희가 갇힌 자를 동정하고 너희 소유를 빼앗기는 것도 기쁘게 당한 것은 더 낫고 영구한 소유가 있는 줄 앎이라"(히 10:34).

자, 이제 모험에 대해 이야기할 준비가 되었는가?

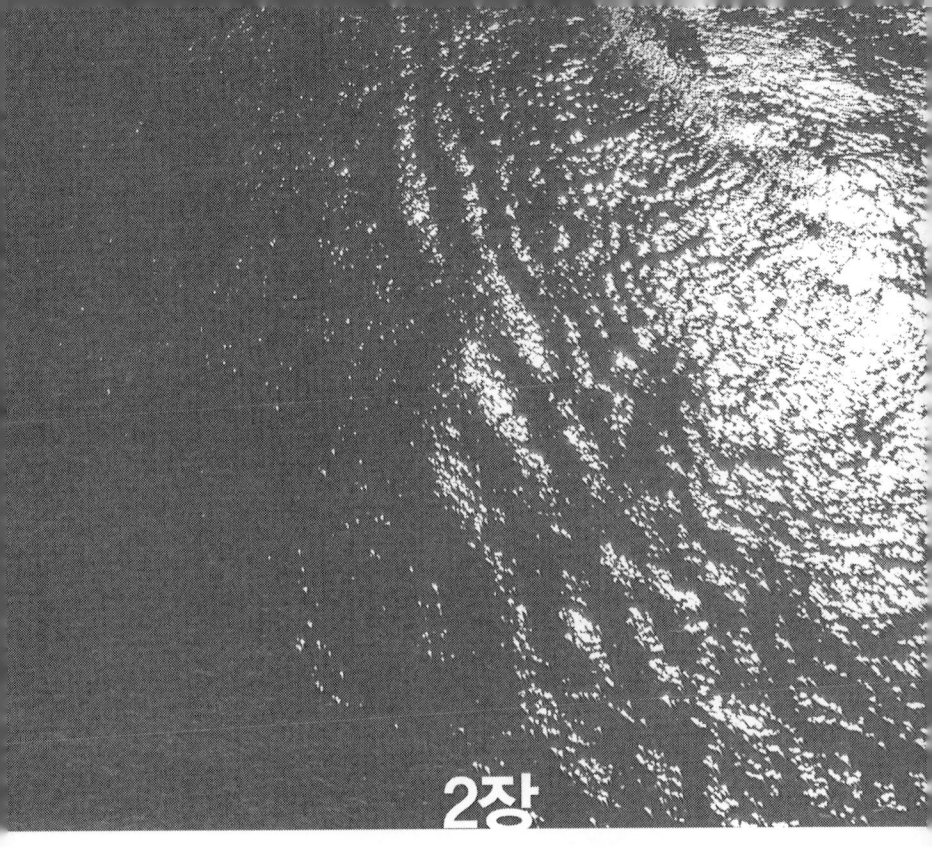

2장
왜 모험을 해야 하는가?

우리의 유일하며 모든 것을 아우르는 열정이 사나 죽으나 그리스도를 존귀하게 하는 것이라면, 그런데 그를 가장 높이는 삶은 큰 대가를 무릅쓰는 사랑의 삶이라면, 그렇다면 삶은 모험이고 모험은 당연하다. 모험을 외면하는 것은 우리의 삶을 허비하는 것이다.

모험이란 무엇인가?

나는 모험을 아주 단순하게 손실이나 해를 당할 가능성에 자신을 노출하는 행위라고 정의한다. 모험을 하면 돈을 잃을 수도 있고, 체면을 구길 수도 있고, 건강 아니 목숨까지 잃을 수 있다. 더 나아가 자신뿐 아니라 다른 사람을 위험에 처하게 할 수 있다. 다른 사람의 생명까지도 위험에 빠뜨리는 것이다. 지혜롭고 사랑이 많은 사람이라면 이러한 모험을 하겠는가? 상실의 위험에 자신을 노출시키는 것이 지혜로운 일이겠는가? 다른 사람을 위험에 빠뜨리는 것이 사랑인가? 생명을 잃는다면 삶을 허비하는 것과 다름없지 않겠는가?

경우에 따라 다르다. 물론 자신의 삶을 수백 가지 죄악된 길에 던짐으로써 그 결과 생명을 잃는 경우가 있다. 이때는 생명을 잃는 것과 삶을 허비하는 것이 동일하다. 그러나 생명을 잃는 것과 삶을 허비하는 것이 늘 동일하지는 않다. 모험을 무릅쓰지 않으면 상실과 해를 입게 될 여건이라면 어떨까? 이때는 안전을 추구하는 것이 지혜로운 일은 아닐 것이다. 또는 모험에 성공하면 많은 사람에게 큰 유익을 주지만, 실패하면 자신만 해를 입는 경우는 어떻겠는가? 그리스도의 대의와 다른 사람의 유익을 위해 큰일을 이룰 수 있을 때 편안함이나 안전을 선택한다면 그것은 사랑이 아니다.

우리의 삶은 모험으로 가득하다

왜 모험이 존재하는가? 우리가 무지(無知)하기 때문이다. 우리가 미래를 안다면 모험도 없을 것이다. 모험이 가능한 이유는 앞으로 어떻게 될지 모르기 때문이다. 이 말은 곧 하나님은 모험을 하실 수 없다는 뜻이다.[1] 하나님은 자신이 선택한 모든 일이 이루어지기 전에 그 결과를 아신다. 하나님이 열방의 모든 신들 위에 뛰어나신 이유가 여기에 있다(사 41:23; 42:8, 9; 44:6-8; 45:21; 46:8-11; 48:3 참조). 하나님은 자신의 모든 행동이 낳을 결과를 미리 아시기에 그에 맞게 계획하신다. 하나님은 전지(全知)하시므로 모험을 할 가능성조차 없으시다.[2]

그러나 우리는 그렇지 않다. 우리는 하나님이 아니다. 우리는 무지하다. 우리는 내일 무슨 일이 일어날지 모른다. 하나

---

1 이는 하나님께서 자신이 일으키는 많은 사건의 결과를 알지 못한다는 의미에서 실제로 모험을 감수한다고 믿는 소위 개방신론(open theism)을 분명하고도 의식적으로 반대하는 견해다. 개방신론을 주장하는 학자와 저서를 몇 가지 들면 다음과 같다. John Sanders, *The God Who Risks: A Theology of Providence* (Downers Grove, IL: InterVarsity, 1998); Gregory A. Boyd, *Satan and the Problem of Evil: Constructing a Trinitarian Warfare Theodicy* (Downers Grove, IL: InterVarsity, 2001). 개방신론을 효과적으로 비판한 사람과 저서는 다음과 같다. R. K. McGregor Wright, *No Place for Sovereignty: What's Wrong with Freewill Theism?* (Downers Grove, IL: InterVarsity, 1996); Bruce A. Ware, *God's Lesser Glory: The Diminished God of Open Theism* (Wheaton, IL: Crossway, 2000); John M. Frame, *No Other God: A Response to Open Theism* (Phillipsburg, NJ: P&R, 2001); John Piper, Justin Taylor, Paul Kjoss Helseth, eds., *Beyond the Bounds: Open Theism and the Undermining of Biblical Christianity* (Wheaton, IL: Crossway, 2003).

2 하나님이 위험을 감수하는 분이 아닌 이유를 좀 더 알고 싶다면 다음을 보라. John Piper, *The Pleasures of God: Meditations on God's Delight in Being God*, 3nd ed. (Colorado Springs: Multnomah, 2012), 40-46.

님은 내일 혹은 5년 후에 무슨 일을 하실지 우리에게 자세히 말씀하지 않으신다. 하나님은 우리가 결과를 대부분 모르는 상태에서 살며 행동하게 하시는 게 분명하다. 하나님은 이렇게 말씀하신다.

> "들으라 너희 중에 말하기를 오늘이나 내일이나 우리가 어떤 도시에 가서 거기서 일 년을 머물며 장사하여 이익을 보리라 하는 자들아 내일 일을 너희가 알지 못하는도다 너희 생명이 무엇이냐 너희는 잠깐 보이다가 없어지는 안개니라 너희가 도리어 말하기를 주의 뜻이면 우리가 살기도 하고 이것이나 저것을 하리라 할 것이거늘"(약 4:13-15).

어쩌면 이번 장을 다 읽기도 전에 당신의 심장이 멎을지도 모를 일이다. 다음 주에 반대 차선을 달리던 차가 중앙선을 넘어 당신의 차와 정면으로 충돌할지 모른다. 또 당신이 먹을 음식에 치명적인 세균이 들어 있을지, 누군가에게 맞아 온몸이 마비될지, 쇼핑몰에서 느닷없이 총에 맞을지 당신은 모른다. 우리는 하나님이 아니다. 우리는 내일 일을 모른다.

안전이라는 신화

그러므로 모험은 유한한 우리 삶의 일부라고 할 수 있다. 모험은 원한다고 피할 수 있는 것이 아니다. 내일에 대한 무지와 불확실성은 우리가 호흡하는 공기다. 우리는 계획을 세우지만 알지 못하는 수많은 변수로 인해 모든 계획이 산산조각 날 수 있다. 우리가 집에 누워 있거나 고속도로에서 운전하고 있거나 상관없다.

나의 한 가지 목표는 안전이라는 신화를 타파해 당신을 그 마술로부터 구하는 것이다. 안전은 신기루다. 안전이란 없다. 당신이 어디를 가든, 당신이 모르는 것과 어떻게 할 수 없는 일이 있게 마련이다.

안전한 곳을 찾겠다는 허황된 생각이 많은 사람을 마비시킨다. 나는 목회를 하며 이런 상황을 자주 경험한다. 우리에게는 결정해야 할 일이 있지만 어느 결정이 최선인지 알 수 없다. 알지 못하는 것이 너무도 많다. 그래서 도망치고 싶은 유혹이 생긴다. 비단 물리적, 정서적 도피만이 아니다.

다른 것을 생각해 보자. 우리는 미룬다. 꾸물댄다. 문제가 저절로 사라지기를 기대한다. 그러나 그렇게 되지 않는다. 그래서 우리의 무력함은 전혀 도움이 되지 않는다. 의사 결정에 대한 두려움은 전혀 도움을 주지 않는다. 소심하게 남겠는가? 앞으로 나아가는 유일한 방법은 모험을 하는 것이다.

모험하지 않는 것은 사랑이 없는 것이다

디트리히 본회퍼는 성인이 된 후 줄곧 위기를 경험했다. 그 위기는 마침내 삶과 죽음의 문제를 결정해야 하는 상황까지 몰고 갔다. 그러나 그 순간이 오기 전에 위기는 항상 사랑에 대한 문제로 나타났다.

1934년, 본회퍼는 전 유럽의 그리스도인이 얼마나 우유부단한지 보았다. '독일 기독교인 운동'(deutsche Christen) 앞에서 히틀러를 제외한 모두가 그랬다. 독일 교회에 대한 나치즘의 철옹성은 거의 완벽했고, 그에 대항해 누구도 행동에 나설 것 같지 않았다.

본회퍼와 동료들이 행동에 나설 때가 되었다. '고백 교회'가 나타나 히틀러의 위협에 맞서고 '바르멘 선언'을 할 것이었다. 본회퍼는 그에 앞서 행동을 호소했다. 1934년 4월 7일, 그는 당시 세계 기독교 동맹의 대표인 헨리 루이스 헨리오드에게 편지를 썼다. 독일 교회가 더는 교회라 부를 수 없는 위기임을 아는 독일의 목사와 그리스도인을 지원해 달라는 호소였다. 그의 편지에서 우리는 우유부단함이 지닌 위험에 대해 한 가지 교훈을 배울 수 있다.

> 어서 결단해야 합니다. 수고 없이 문제가 해결되리라는 어떤 신호가 떨어지기를 기다리는 것입니까? 에큐메니컬 운동도 뜻을 정해야 합니다. 물론 이 또한 인간의 다른 모든 일처럼 오류를 범할 수 있습니다. 그러나 독일에 있는 우리 형제들이 매일 무한히 어려운 결정을 해야 하는 상황인데도, 오류가 두려워서 마냥 미루고 얼버무리는 것은 제가 보기에 사랑과는 정반대입니다. **결단을 미루거나 하지 않는 것은, 믿음과 사랑으로 그릇된 결단을 하는 것보다 더 악할 수 있습니다.**[3]

마지막 문장은 깊이 숙고할 만하다. 모험을 회피하는 것은, 믿음과 사랑으로 모험했다가 그릇된 결정을 하게 되는 것보

---

3 Eric Metaxas, *Bonhoeffer: Pastor, Martyr, Prophet, Spy* (Nashville: Nelson, 2010), 218; 강조 추가.

다 더 악할 수 있다. 더 사랑이 없는 것일 수 있다. 나는 목회를 하면서 어느 쪽이든 결과가 고통스러울 수밖에 없는 어려운 결정을 한 후에 이따금 "이것은 내가 복음을 사랑하기 때문이다"라고 말하곤 했다. 아무것도 하지 않는 것은 최선을 다했으나 실수한 것 못지않게 용서를 구해야 하는 일이다.

우리가 모험을 회피하는 배후에는 종종 미묘한 이기심이 도사리고 있다. 자신을 위해서는 날마다 모험을 하면서도, 사랑의 갈보리 길에서 다른 사람을 위해 모험하지 않으려는 것은 위선이다. 우리는 다른 사람을 위해 모험을 무릅쓰면, 실제로 존재하지도 않는 안전이 위협당할 것이라 착각한다.

그렇다면 어떻게 안전의 신화를 타파하고 안전이라는 신기루에서 깨어날 수 있을까? 나의 방법은 간단하다. 성경으로 돌아가는 것이다. 그리스도의 대의를 위해 모험을 무릅쓰는 것이 옳음을 성경을 통해 보여주겠다.

사랑의 모험을 감행하여 그리스도를 존귀케 하라. 이것이야말로 그리스도인에게 가장 옳고 당연한 일이다.

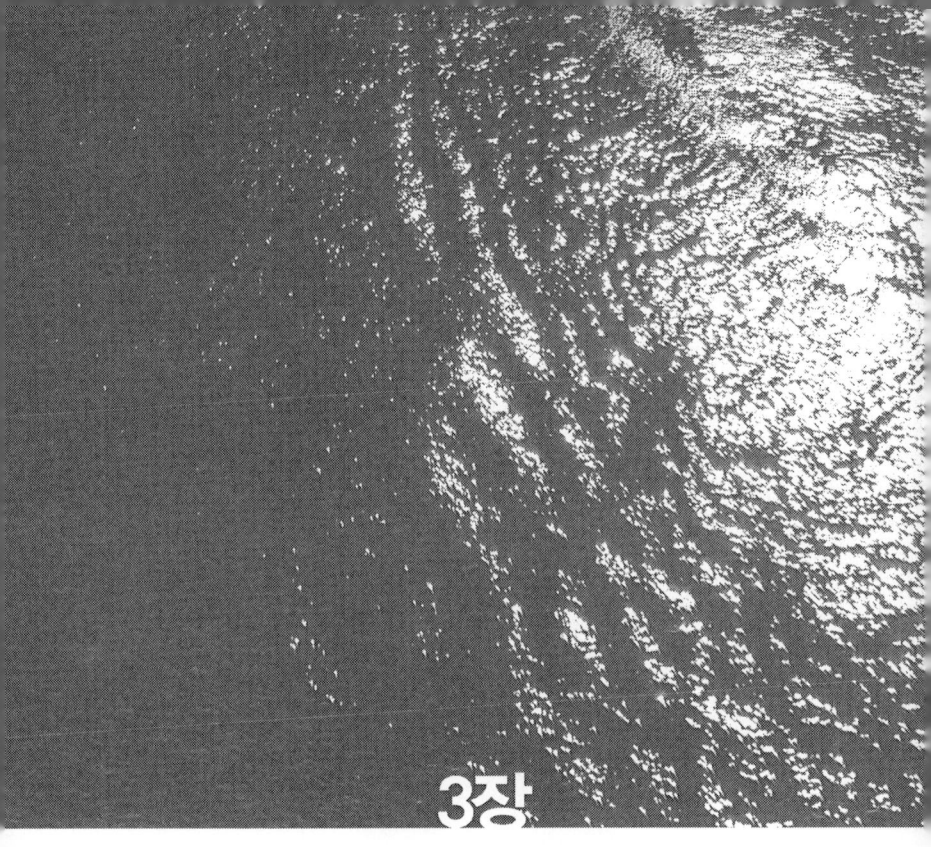

3장
구약에서 찾은 모험

사도 바울은 메시지를 전할 때 자주 구약 전체를 아울러 말했다. 그의 통찰이 참으로 놀랍지 않은가. 신약에 대해서는 더더욱 그랬을 것이라고 생각한다. 그는 이렇게 말했다.

"무엇이든지 전에 기록된 바는 우리의 교훈을 위하여 기록된 것이니 우리로 하여금 인내로 또는 성경의 위로로 소망을 가지게 함이니라"(롬 15:4).

모든 역사서와 법과 시와 잠언과 예언, 즉 "무엇이든지 전에 기록된 바는" 우리에게 소망을 주려는 것이다. 소망은 심각한 위험을 무릅쓰고 사람을 사랑하게 하는 큰 능력이다. 하나님이 주신 소망은 다른 사람을 위해 모험을 하게 하는 능력을 준다. 바울은 골로새 교인에게 '그들이 하늘에 쌓아 둔 소망으로 인한, 모든 성도를 향한 사랑'(골 1:4, 5 참조)을 이야기했다. 사랑은 소망 때문에 생긴다. 그러므로 사랑을 위해 '우리의 소망을 위해 기록된' 일부를, 다시 말해 구약에 나오는 위대한 모험의 일부를 살펴보기로 하자.

"여호와께서 선히 여기시는 대로 행하시기를 원하노라"

사무엘하 10장의 상황을 보자. 암몬 사람이 이스라엘의 사자(使者)를 욕보여 다윗의 분노를 샀다. 암몬 사람은 아람 사람을 고용해 함께 이스라엘에 맞서 싸웠다. 그러던 중 이스라엘군의 총사령관 요압이 한쪽은 암몬 군대에게, 다른 한쪽은 아람 군대에게 포위당하고 말았다. 요압은 군대를 둘로 나누어 한쪽은 동생 아비새에게 맡기고 다른 쪽은 직접 지휘했다.

요압과 아비새가 서로 돕겠다고 맹세하는 11절에 이어 멋진 말이 12절에 나온다. "너는 담대하라 우리가 우리 백성과 우리 하나님의 성읍들을 위하여 담대히 하자 여호와께서 선히 여기시는 대로 행하시기를 원하노라." 마지막 문장은 무슨 뜻인가? 요압은 하나님의 성읍을 위해 전략을 짰으나 결과가 어떻게 될지는 몰랐다는 뜻이다.

요압은 이 문제에 관해 하나님의 특별한 계시를 받지 않았다. 그는 거룩한 지혜를 토대로 결정을 내려야 했다. 그는 모험을 하거나 도망치거나 둘 중 하나를 선택해야 했다. 그는 결과가 어떻게 될지 몰랐다. 그래서 결정을 내렸고, 결과를 하나님께 맡겼다. 참으로 옳은 행동이었다.

"죽으면 죽으리이다"

에스더 왕후는 하나님의 영광을 위해 용감하게 모험을 무릅쓴 또 다른 인물이다. BC 5세기, 포로 생활을 하던 유대인 가운데 모르드개라는 사람이 있었다. 그는 부모를 잃고 고아가 된 조카 에스더를 딸로 입양해 키웠다. 에스더는 아름답게 자랐으며 마침내 바사(페르시아) 왕 아하수에로의 왕후가 되었다.

아하수에로의 중신 가운데 하나인 하만은 모르드개와 모든 유대인을 증오했다. 그는 왕을 설득해 유대인을 몰살하라는 명령을 내리게 했다. 왕은 왕후가 유대인이라는 사실을 몰랐다. 모르드개는 에스더에게 사람을 보내 왕에게 나아가 동족을 위해 간청하라고 전했다. 그러나 왕의 부름 없이 왕에게 나아갔다가 왕이 금홀을 내밀지 않으면 누구든지 죽었고, 에스더는 이러한 왕궁의 법을 잘 알았다.

그렇지만 에스더는 동족의 생명이 위험에 처했다는 사실도 알았다. 에스더는 모르드개에게 사람을 보내 이렇게 말했다.

"당신은 가서 수산에 있는 유다인을 다 모으고 나를 위하여 금식하되 밤낮 삼 일을 먹지도 말고 마시지도 마소서 나도 나의 시녀와 더불어 이렇게 금식한 후에 규례를 어기고 왕에게 나아가리니 죽으면 죽으리이다"(에 4:16).

"죽으면 죽으리이다." 무슨 뜻인가? 에스더는 자신의 행동이 어떤 결과를 초래할지 몰랐다는 뜻이다. 에스더는 하나님께 그 어떤 특별한 계시도 받지 않았다. 그녀는 지혜와, 동포를 향한 사랑과 하나님에 대한 신뢰를 토대로 결정을 내렸다.

에스더는 모험을 하거나 도망치거나 둘 중 하나를 선택해야 했다. 에스더는 결과가 어떻게 나올지 알지 못했다. 그래서 결정을 내리고 하나님께 결과를 맡겼다. "죽으면 죽으리이다." 에스더의 이 선택은 옳았다.

"그렇게 하지 아니하실지라도"

구약의 예를 하나 더 살펴보자. 배경은 유대인들이 포로 생활을 하던 바벨론이다. 당시 왕인 느부갓네살은 금 신상을 세우고 나팔을 불면 그 앞에 절하라고 모든 백성에게 명령했다. 그러나 사드락, 메삭, 아벳느고는 절하지 않았다. 이들은 이스라엘의 참 하나님을 예배했다.

느부갓네살은 신상에게 절하지 않으면 풀무불에 던지겠다고 위협했다. 그러자 세 사람은 이렇게 대답했다.

"사드락과 메삭과 아벳느고가 왕에게 대답하여 이르되 느부갓네살이여 우리가 이 일에 대하여 왕에게 대답할 필요가 없나이다 왕이여 우리가 섬기는 하나님이 계시다면 우리를 맹렬히 타는 풀무불 가운데에서 능히 건져내시겠고 왕의 손에서도 건져내시리이다 그렇게 하지 아니하실지라도 왕이여 우리가 왕의 신들을 섬기지도 아니하고 왕이 세우신 금 신상에게 절하지도 아니할 줄을 아옵소서"(단 3:16-18).

이것은 완전히 모험이다. 그들이 한 대답을 잘 살펴보자.

"우리는 하나님이 우리를 구하시리라 믿습니다. 그러나 그렇게 하지 아니하실지라도 ……왕의 신들을 섬기지 않겠습니다." 사드락과 메삭과 아벳느고는 결과가 어떻게 될지 몰랐다. 이들 역시 에스더와 같은 말을 한 것이다. "죽으면 죽으리이다." 또한 요압과 아비새처럼 결과를 하나님께 맡겼다. "여호와께서 선히 여기시는 대로 행하시기를 원하노라." 이들처럼 하나님의 대의를 위해 모험하는 것이 옳다.

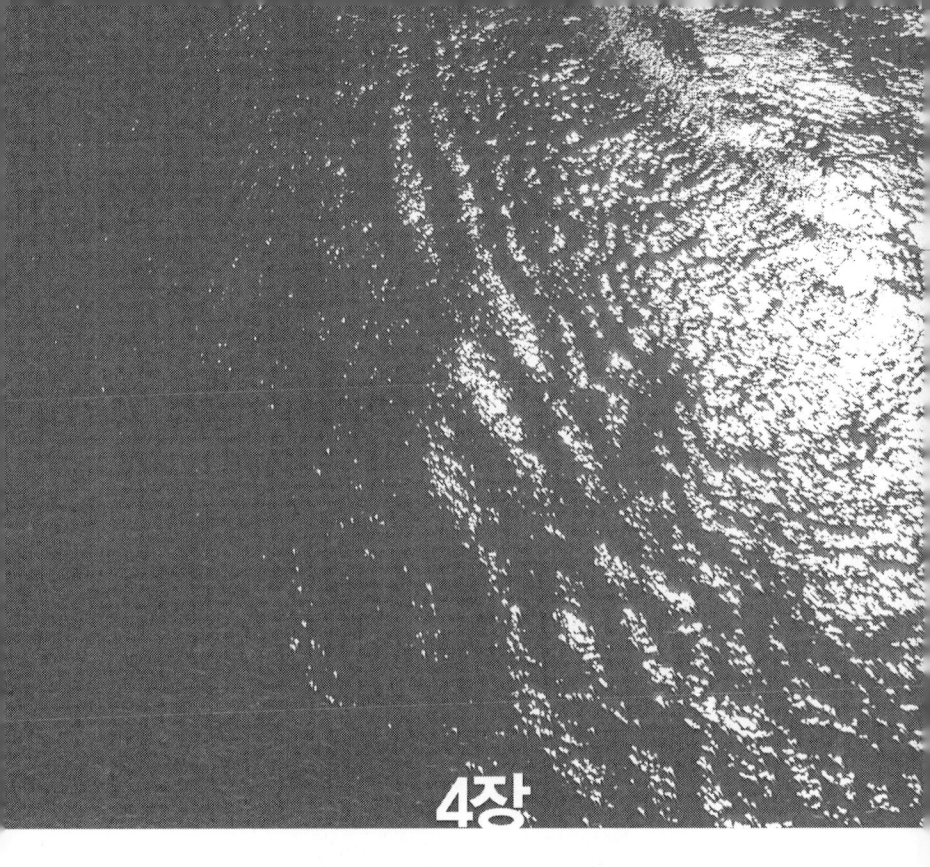

4장
위대한 모험가 바울

신약에도 모험을 한 놀라운 인물이 있다. 사도 바울이다. 바울이 수년 동안 그리스도를 위해 찾은 거의 모든 곳에서 고난을 당한 후 또 예루살렘으로 향하는 모습을 그려 보라. 그는 성령에 매임을 받아 예루살렘으로 가고자 했다(행 19:21 참조). 그는 가난한 사람을 위해 연보를 모았고, 이제 그 돈이 잘 전달되었는지 보려 한다.

바울이 가이사랴에 이르렀을 때 아가보라는 선지자가 유대로부터 내려와 바울의 허리띠로 자신의 손발을 묶는 상징적인 행동을 하며 말했다. "성령이 말씀하시되 예루살렘에서 유대인들이 이같이 이 띠 임자를 결박하여 이방인의 손에 넘겨 주리라"(행 21:11).

"나는 주 예수의 이름을 위하여 ······죽을 것도 각오하였노라"

이 말을 들은 신자들은 바울에게 예루살렘에 가지 말라고 간청했다. 그러나 바울은 이렇게 말했다.

"여러분이 어찌하여 울어 내 마음을 상하게 하느냐 나는 주 예수의 이름을 위하여 결박 당할 뿐 아니라 예루살렘에서 죽을 것도 각오하였노라"(13절).

신자들은 마침내 그의 결정을 받아들였다. "그가 권함을 받지 아니하므로 우리가 주의 뜻대로 이루어지이다 하고 그쳤노라"(14절).

사도 바울은 이번 예루살렘 여행이 그리스도의 대의를 위해 반드시 필요하다고 믿었다. 그는 예루살렘에서 무슨 일이 일어나며 어떤 결과가 있을지 세세히 알지 못했다. 체포되어 고통을 당할 것은 분명했다. 그러나 어떤 고통을 당하겠는가? 죽음인가? 투옥인가? 추방인가? 아무도 몰랐다. 신자들도 알 리 없었다. 그래서 그들은 이렇게 말했다. "주의 뜻대로 이루어지이다." 이 말은 요압의 말과 같다. "여호와[주]께서 선히 여기시는 대로 행하시기를 원하노라."

"각 성에서 ……환난이 나를 기다린다 하시나"

사실 바울의 삶은 온통 모험의 연속이었다. 그는 사도행전 20장 23절에서 이렇게 말했다. "오직 성령이 각 성에서 내게 증언하여 결박과 환난이 나를 기다린다 하시나." 그러나 바울은 결박과 환난이 어떤 형태로, 언제, 누구를 통해 찾아올지 전혀 몰랐다.

바울은 예루살렘에서 환난이 있을 것을 알면서도 생명을 거는 모험을 무릅쓰기로 결심했다. 지금까지 겪은 일로 미루어 볼 때 그는 예루살렘에서 무슨 일이 일어날지 충분히 짐작할 수 있었다.

"유대인들에게 사십에서 하나 감한 매를 다섯 번 맞았으며 세 번 태장으로 맞고 한 번 돌로 맞고 세 번 파선하고 일 주야를 깊은 바다에서 지냈으며 여러 번 여행하면서 강의 위험과 강도의 위험과 동족의 위험과 이방인의 위험과 시내의 위험과 광야의 위험과 바다의 위험과 거짓 형제 중의 위험을 당하고 또 수고하며 애쓰고 여러 번 자지 못하고 주리며 목마르고 여러 번 굶고 춥고 헐벗었노라 이 외의 일은 고사하고 아직도 날마다 내 속에 눌리는 일이 있으니 곧 모든 교회를 위하여 염려하는 것이라"(고후 11:24-28).

바울은 하나님의 일을 위해 매일 생명의 위험을 감수했다. 그러나 다음 주먹이 어디서 날아올지는 전혀 알 수 없었다. 그가 지나는 길은 물론 강도 안전하지 못했다. 동족인 유대인도 안전하지 못했다. 이방인도 안전하지 못했다. 도시도 안전하지 못했다. 광야도 안전하지 못했다. 바다도 안전하지 못했다. 소위 그리스도인 형제도 안전하지 못했다. 안전은 신기루일 뿐이었다. 그 정도로 사도 바울에게 안전이란 없었다.

그에게는 두 가지 선택이 있었다. 삶을 허비하거나 위험을 감수하며 살 거나 둘 중 하나였다. 바울은 자신의 선택을 분명하게 밝혔다. "내가 달려갈 길과 주 예수께 받은 사명 곧 하나님의 은혜의 복음을 증언하는 일을 마치려 함에는 나의 생명조차 조금도 귀한 것으로 여기지 아니하노라"(행 20:24). 바울은 오늘 어떻게 될지 전혀 몰랐다. 그러나 갈보리의 길이 그를 불렀다. 그는 매일 생명을 거는 모험을 무릅썼다. 그것은 옳은 선택이었다.

"나를 박해하였은즉 너희도 박해할 것이요"

그렇다면 바울은 목숨을 거는 모험을 하도록 선택된 특별한 사람이었을까? 그렇지 않다. 바울은 젊은 그리스도인들에게 그들도 여러 환난을 만나리라고 분명히 말한다.

바울은 제1차 선교 여행 중에 새 교회들을 세우고 몇 달 후 그들에게 돌아와 이렇게 말했다. "제자들의 마음을 굳게 하여 이 믿음에 머물러 있으라 권하고 또 우리가 하나님의 나라에 들어가려면 많은 환난을 겪어야 할 것이라"(행 14:22). 그는 갓 세워진 데살로니가 교회에 편지하면서 그들이 환난 때문에 흔들릴까 염려하며 말했다. "우리가 이것[이 여러 환난]을 위하여 세움 받은 줄을 너희가 친히 알리라"(살전 3:3). 다시 말해 그리스도인의 삶은 모험을 하라는 부르심이라는 것이다.

예수님은 이 점을 분명히 하셨다. "심지어 부모와 형제와 친척과 벗이 너희를 넘겨 주어 너희 중의 몇을 죽이게 하겠고"(눅 21:16). 여기서 핵심 단어는 '몇'이다. "너희 중의 몇을 죽이게 하겠고." 제자들의 세상살이가 아주 불확실하리라는 말이다. 우리 모두가 그리스도를 위해 죽지는 않을 것이다. 그러나 우리 모두가 살지도 않을 것이다. 몇은 죽을 것이며 몇은 살 것이다. 이것이 내가 말하는 모험의 뜻이다.

하나님의 뜻은 우리가 이 땅에서의 삶이 어떻게 될지 모른 채 사는 것이다. 그러므로 우리가 하나님의 일을 위해 모험을 하는 것이 하나님의 뜻이다.

예수님의 삶은 힘들었다. 그러기에 예수님은 자신을 따르는 사람의 삶도 힘들 거라고 말씀하셨다. "내가 너희에게 종이 주인보다 더 크지 못하다 한 말을 기억하라 사람들이 나를 박해하였은즉 너희도 박해할 것이요 내 말을 지켰은즉 너희 말도 지킬 것이라"(요 15:20).

예수님을 따랐던 베드로 역시 박해는 당연하다고 경고했다. 그의 말을 보며 이번 장을 정리하자. "사랑하는 자들아 너희를 연단하려고 오는 불 시험을 이상한 일 당하는 것 같이 이상히 여기지 말고 오히려 너희가 그리스도의 고난에 참여하는 것으로 즐거워하라 이는 그의 영광을 나타내실 때에 너희로 즐거워하고 기뻐하게 하려 함이라 너희가 그리스도의 이름으로 치욕을 당하면 복 있는 자로다 영광의 영 곧 하나님의 영이 너희 위에 계심이라"(벧전 4:12-14).

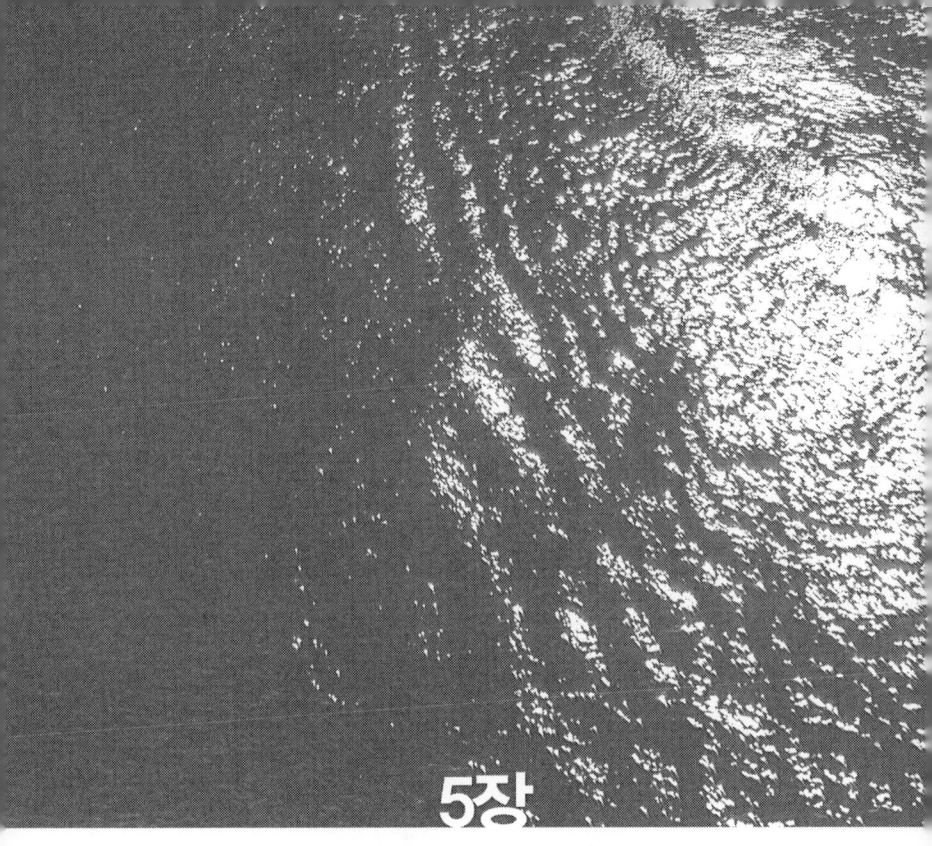

5장
모험할 때, 하지 않을 때

모험을 한 사람들

교회는 처음 300년간 위협 속에서 성장했다. 스티븐 니일은 『기독교 선교사』에서 이렇게 썼다. "의심할 여지없이 로마 제국 치하의 그리스도인은 존재할 법적 권리가 없었고, 법으로 가장 심한 핍박을 받기 쉬웠다. ……모든 그리스도인은 언제든 생명을 걸고 자신의 신앙을 증명하게 될 것을 알았다."[1]

그렇다. 모험을 하게 될 수 있다. 우리는 그리스도인이라는 이유로 죽임을 당할 수도 있고, 그러지 않을 수도 있다. 그리스도인으로 사는 것은 모험이다. 그것이 정상이다. 이런 상황에서도 그리스도인이 되는 것은 항상 옳았다.

---

1 Stephen Neill, *A History of Christian Missions* (Middlesex, UK: Penguin, 1964), 42-43.

실제로, 이방 세계를 깜짝 놀라게 한 것은 그리스도인이 위험을 감수하며 보여준 그리스도를 높이는 사랑이다. 로마 황제 율리아누스(Julian, AD 331-363)는 고대 이교도의 종교에 새로운 생명을 불어넣기 원했으나 점점 더 많은 사람이 기독교로 개종하는 것을 보았다. 그는 이 '무신론자'(로마의 신들을 믿지 않고 그리스도를 믿는 자)를 보며 느꼈던 좌절감을 이렇게 표현했다.

무신론[즉, 기독교 신앙]은 특히 낯선 자를 사랑으로 섬기며, 죽은 자의 장례를 정성껏 보살핌으로써 발전했다. 유대인은 거지가 하나도 없다. 우리는 동족이 도움을 구해도 돕지 않는데 이 신앙 없는 갈릴리 사람은 가난한 동족뿐 아니라 우리의 가난한 자들도 보살핀다. 우리에게 수치가 아닐 수 없다.[2]

그리스도를 따르려면 희생을 감수해야 한다. 사방에 위험이 있다. 그러나 바로 이 모험이 그리스도의 가치를 더욱 밝게 빛내는 수단이다.

---

2 같은 책, 42.

모험을 하지 않은 사람들

만일 하나님의 백성이 안전이라는 거짓된 유혹에서 벗어나지 못하면 어떻게 되는가? 안전이라는 신기루 속에서 살려고 하면 어떻게 되는가? 그는 삶을 허비하게 된다. 이런 일이 일어났던 때를 기억하는가?

이스라엘 백성이 하나님의 능력으로 애굽을 탈출한 지 3년이 채 안 되었을 때였다. 이제 약속의 땅 어귀에 이르렀다. 하나님이 모세에게 말씀하셨다. "사람을 보내어 내가 이스라엘 자손에게 주는 가나안 땅을 정탐하게 하라"(민 13:2).

모세는 갈렙과 여호수아를 비롯해 열두 명의 정탐꾼을 보냈다. 40일 후, 정탐꾼들은 그 땅의 탐스러운 포도송이를 가지고 돌아왔다. 갈렙은 희망에 가득 찬 목소리로 백성에게 외쳤다. "우리가 곧 올라가서 그 땅을 취하자 능히 이기리라"(30절). 그러나 다른 사람은 이렇게 말했다. "우리는 능히 올라가서 그 백성을 치지 못하리라 그들은 우리보다 강하니라"(31절).

갈렙은 안전의 신화를 깨뜨릴 수 없었다. 이스라엘 백성은 안전이라는 거짓된 유혹에 사로잡혔다. 그들은 하나님을 높이는 순종의 길 외에도 피난처가 있다고 믿었다. 모세와 아론에게 불평하며 애굽으로, 안전이라는 큰 신기루로 돌아가자고 말했다. 여호수아는 백성을 몽상에서 깨우려 했다.

"우리가 두루 다니며 정탐한 땅은 심히 아름다운 땅이라 여호와께서 우리를 기뻐하시면 우리를 그 땅으로 인도하여 들이시고 그 땅을 우리에게 주시리라 이는 과연 젖과 꿀이 흐르는 땅이니라 다만 여호와를 거역하지는 말라 또 그 땅 백성을 두려워하지 말라 그들은 우리의 먹이라 그들의 보호자는 그들에게서 떠났고 여호와는 우리와 함께 하시느니라 그들을 두려워하지 말라"(민 14:7-9).

그러나 여호수아도 안전이라는 신화를 깨뜨리지 못했다. 백성은 안전의 몽상에 취했다. 그들은 갈렙과 여호수아를 돌로 치려 했다. 우리는 이 사건의 결말을 안다. 이스라엘 백성은 수많은 생명을 잃었고 긴 세월을 허비했다. 그들이 가나안의 거인과 싸우는 모험을 하지 않은 것은 분명히 잘못이었다.

알겠는가? 하나님의 대의를 위해 모험을 무릅쓰지 않을 때 우리는 참으로 많은 것을 잃게 된다!

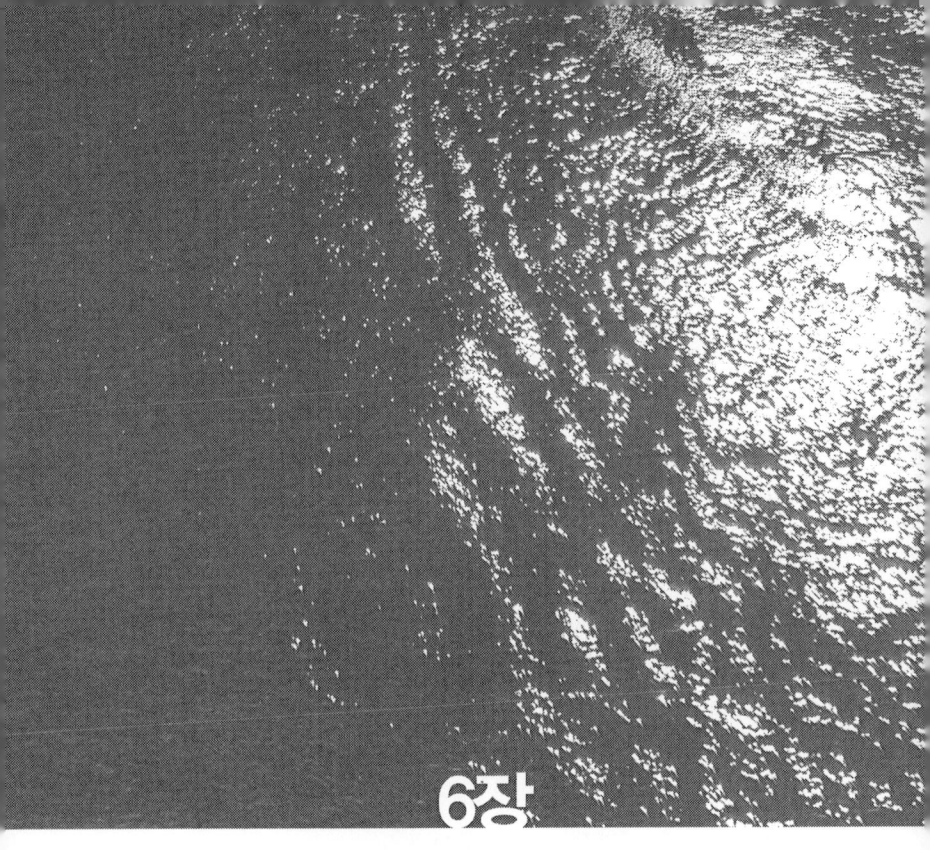

6장

모험을 하는 그릇된 이유

단기적인 성공은 약속되지 않았다

우리는 당연히 모험을 해야 한다. 그러나 하나님의 대의를 위해 모험하면 하나님이 언제나 성공하게 하시리라는 기대 때문이 아니다. 하나님의 대의를 위한 모든 노력이 성공하리라는 약속, 적어도 단기간 안에 성공하리라는 약속은 없다.

헤롯왕이 아내를 버리고 동생의 아내를 취하자 세례 요한은 위험을 무릅쓰고 그를 간음자라 불렀다. 이 때문에 요한은 참수를 당했다. 그가 하나님의 일과 진리를 위해 생명의 위험을 무릅쓴 것은 옳았다. 예수님은 요한을 비판하지 않고 크게 칭찬하셨다(마 11:11 참조).

바울은 가난한 자들을 위한 사역을 마무리하고자 위험을 무릅쓰고 예루살렘으로 향했다. 그는 매를 맞았고, 2년간 감옥에 갇혔으며, 로마로 압송되어 2년 후 거기서 처형당했다. 그가 그리스도를 위해 생명의 위험을 무릅쓴 것은 옳았다.

성령의 능력으로 안전의 유혹에서 벗어나 미전도 종족 가운데 그리스도를 높이고자 생명의 위험을 무릅쓴 선교사의 무덤이 얼마나 많은지 모른다. 당신은 어떠한가? 안전의 유혹에 사로잡혀 하나님을 위한 그 어떤 모험도 감행하지 않고 머물러 있는가? 아니면 성령의 능력으로 안전과 편안함이란 신기루에서 벗어났는가? 당신은 요압처럼 말하는가? "내가 여호와의 이름을 위해 그 일을 하리라. 여호와께서 선히 여기시는 대로 행하시기를 원하노라." 혹은 에스더처럼 말하는가? "내가 그리스도를 위해 그 일을 하리라. 죽으면 죽으리라."

그릇된 이유로 하는 모험

그리스도인이 모험하는 데 있어 주의할 점이 있다. 하나는, 자기를 부인하는 데 지나치게 집착한 나머지 하나님이 우리의 유익을 위해 주신 현세의 정당한 즐거움조차 누리지 못하는 것이다. 다른 하나는 이보다 심각한데, 자신을 높이려는 목적으로 모험하는 삶을 선택하는 것이다.

우리는 영웅적인 행동을 할 때 아드레날린이 분비되는 것을 느낀다. 또 게으르고 겁 많은 자를 비난하며 우월감을 느끼기도 한다. 혹은 모험을, 하나님이 우리를 받아들이도록 하는 의(義)의 일종으로 생각할 수 있다. 이 모든 실수에는 하나님의 주권적 통치와 승리하는 사랑에 대한 어린아이 같은 믿음이 없다. 영웅심이나 모험에 대한 욕구, 자신을 믿는 용기나 하나님의 호의를 얻으려는 욕망은 하나님을 위해 모험을 무릅쓰는 동기나 힘이 될 수 없다. 오직 모든 것을 공급하고 다스리며 만족시키는 하나님의 아들 예수 그리스도에 대한 믿음만이 우리의 동기이며 힘이다.

나는 그렇게 생각한다. 마지막에 하나님의 사랑이 우리의 체면을 세워주고 우리가 옳았음을 입증하실 것을 믿기에 우리는 그리스도를 위해 체면을 잃을 위험을 감수하는 힘을 얻는다. 우리의 보화는 안전한 천국에 있음을 믿기에 복음을 위해 돈을 잃을 위험을 감수하는 힘을 얻는다. 현세에서 생명을 잃어도 내세에서 생명을 얻으리라는 약속을 믿기에 이 세상에서 생명을 잃을 위험을 감수하는 힘을 얻는다.

이는 영웅심이나 자기 신뢰와 다르다. 참된 모험은 하나님이 늘 우리를 도우시고 또 우리가 상실로써 그분의 영광을 더욱 기뻐하게 하실 것을 믿기에 체면과 돈과 생명을 잃을 위험을 감수하는 것이다. 그때 우리는 우리의 용기로 찬양을 받지 않는다. 하나님이 자신의 보살핌으로 찬양을 받으신다. 모험은 이렇게 우리의 용기가 아닌 하나님의 가치를 드러낸다.

용기의 동기를 살펴야 한다. 우리는 잘못된 동기에서 모험을 할 수 있다. 그러나 그리스도가 없으면 우리는 모두 율법주의자 또는 음탕한 자다. 그리스도가 없으면 자기 일을 하기 원하거나 자신의 능력을 증명하려고 자기 방식으로 하나님의 일을 하려는 자들이다. 우리는 모두 그리스도가 필요하다.

하나님은 위험을 감수하는 다른 방법을 허락하셨다. "하나님이 공급하시는 힘으로 하는 것 같이 하라 이는 범사에 예수 그리스도로 말미암아 하나님이 영광을 받으시게 하려 함이니"(벧전 4:11). 하나님은 그분의 약속을 믿는 자에게 힘을 공급하신다. 기억하라. 그리스도를 소중히 여기기에 감수하는 모든 상실에 대해 하나님은 모든 만족을 주는 그분과의 교제를 통해 천 배로 갚겠다고 약속하셨다.

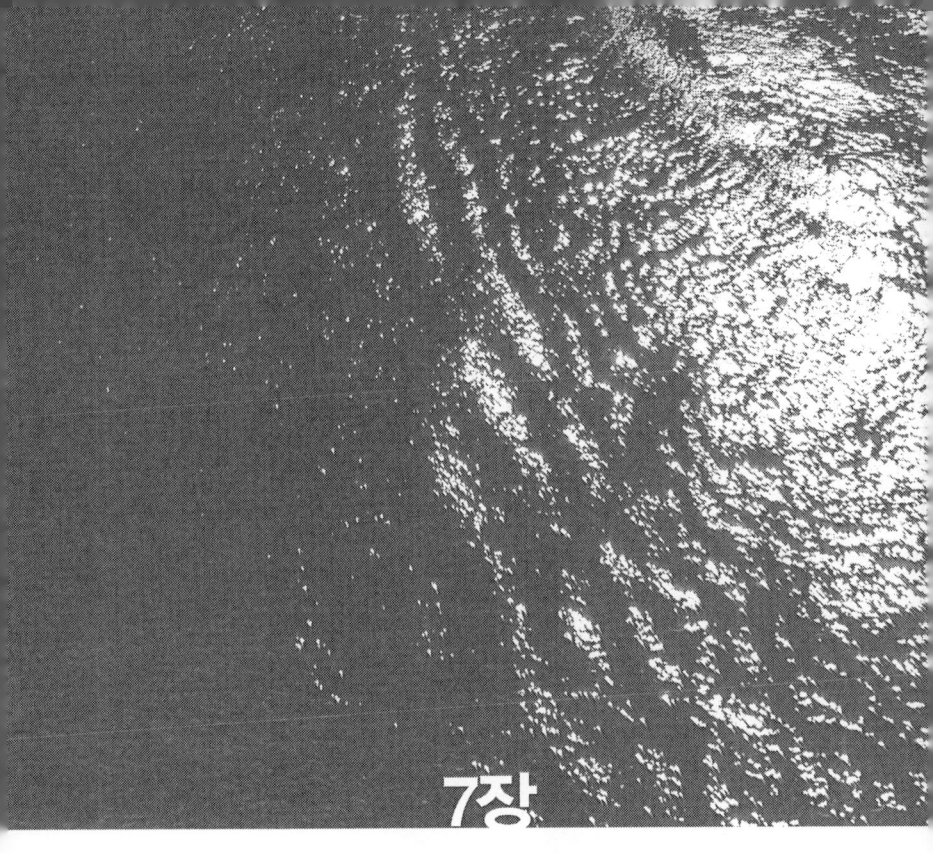

7장

우리를 지키는 약속

앞서 다룬 "너희 중의 몇을 죽이게 하겠고"(눅 21:16)라는 예수님 말씀을 기억하는가? 이제 뒤에 나오는 약속을 살펴보자. "또 너희가 내 이름으로 말미암아 모든 사람에게 미움을 받을 것이나 너희 머리털 하나도 상하지 아니하리라"(17, 18절). 이 말씀은 성경에 나오는 고통스러운 역설 가운데 하나다. "너희 중의 몇을 죽이게 하겠고 ……너희 머리털 하나도 상하지 아니하리라." 무슨 뜻인가? "순종의 모험을 하라. 그들이 너희 중 몇을 죽이겠지만 너희 머리털 하나도 상하지 않으리라."

위험은 실재다

이 구절에 대한 최고의 주석은 로마서 8장 35-39절이다. 로마서 8장은 종종 '위대한 8장'이라고도 불리는데, 우리가 얻는 구원의 높이와 그 기초의 깊이가 성경의 다른 어느 곳보다 더 위대하게 집중되어 있기 때문이다. 우리를 자유케 하여 예수님을 위해 모두를 거는 모험을 하게 하는 소망의 기초가 얼마나 깊은지 이보다 잘 설명하는 곳이 없다.

"누가 우리를 그리스도의 사랑에서 끊으리요 환난이나 곤고나 박해나 기근이나 적신이나 위험이나 칼이랴 기록된 바 우리가 종일 주를 위하여 죽임을 당하게 되며 도살 당할 양 같이 여김을 받았나이다 함과 같으니라 그러나 이 모든 일에 우리를 사랑하시는 이로 말미암아 우리가 넉넉히 이기느니라 내가 확신하노니 사망이나 생명이나 천사들이나 권세자들이나 현재 일이나 장래 일이나 능력이나 높음이나 깊음이나 다른 어떤 피조물이라도 우리를 우리 주 그리스도 예수 안에 있는 하나님의 사랑에서 끊을 수 없으리라."

이 섬뜩하고 놀라운 말씀과 "너희 중의 몇을 죽이게 하겠고 ……[그러나] 너희 머리털 하나도 상하지 아니하리라"는 예수님의 말씀을 비교해 보라. 바울은 예수님이 말씀하셨듯 우리를 향한 그리스도의 사랑이 우리의 고난을 제거하지 않는다고 말한다. 반면, 우리는 그리스도께 붙어있다는 바로 그 이유 때문에 고난을 당한다.

바울은 35절에서 이렇게 묻는다. "누가 우리를 그리스도의 사랑에서 끊으리요 환난이나 곤고나 박해나 기근이나 적신이나 위험이나 칼이랴?" 바울은 어떻게 답하는가? 39절에서 그는 분명하게 '없다!'라고 답한다. 그러나 이 구절이 암시하는 바를 놓쳐서는 안 된다. 35절에 언급된 일들이 우리를 그리스도의 사랑에서 끊지 못하는 이유는 이런 일들이 그리스도를 사랑하는 사람에게는 일어나지 않기 때문이 아니다. 이런 일들은 일어난다.

바울은 "우리가 종일 주를 위하여 죽임을 당하게 되며 도살할 양 같이 여김을 받았나이다"라는 시편 44편 22절을 인용하면서 그리스도의 사람에게도 이런 일들이 일어난다는 사실을 보여준다. 바꾸어 말하면, 우리를 향한 그리스도의 사랑은 이러한 고난을 면하게 해주지 않는다. 위험은 실재(實在)다. 그리스도인의 삶은 고통스럽다. 그러나 기쁨도 있다. 그렇다고 고통이 없는 것은 아니다.

정말로 필요한 모든 것을 공급하시는가?

이것이 "이 모든 일에(in) 우리를 사랑하시는 이로 말미암아 우리가 넉넉히 이기느니라"(롬 8:37)는 말씀에 나오는 전치사 '~에(in)'가 내포하는 의미다. 우리는 고난을 피함으로써가 아니라 고난 가운데(in) 넉넉히 이긴다. 그러므로 바울은 "너희 중의 몇을 죽이게 하겠고"라는 예수님의 말씀에 동의하고 있다. 순종은 위험하다. 그러나 하나님을 위해 위험을 감수하는 것은 옳다. 35절에서 바울은 몇 가지 위험을 언급한다.

- 환난 - 우리가 하나님 나라에 들어가기 위해 반드시 통과해야 하는 다양한 어려움과 억압(행 14:22 참조).
- 곤고 - 우리를 막대기처럼 부러뜨리려고 압박과 위협을 가하는 재난(고후 6:4; 12:10 참조).
- 박해 - 복음의 원수가 보이는 적극적 반대(마 5:11, 12 참조).
- 위험 - 몸과 영혼과 가족에 대한 온갖 위협이나 협박(고후 11:26 참조).
- 칼 - 야고보를 죽인 무기(행 12:2 참조).
- 기근이나 적신 - 음식과 의복이 없음.

"기근이나 적신"을 마지막에 둔 이유는 이것들이 가장 큰 문제를 일으키기 때문이다. 그런데 예수님은 이렇게 말씀하시지 않았는가?

"그러므로 내가 너희에게 이르노니 목숨을 위하여 무엇을 먹을까 무엇을 마실까 몸을 위하여 무엇을 입을까 염려하지 말라 목숨이 음식보다 중하지 아니하며 몸이 의복보다 중하지 아니하냐 ……그러므로 염려하여 이르기를 무엇을 먹을까 무엇을 마실까 무엇을 입을까 하지 말라 ……너희 하늘 아버지께서 이 모든 것이 너희에게 있어야 할 줄을 아시느니라 그런즉 너희는 먼저 그의 나라와 그의 의를 구하라 그리하면 이 모든 것을 너희에게 더하시리라"(마 6:25, 31-33).

과연 어느 쪽이 맞을까? 그리스도인은 "기근이나 적신"에 처하는가, 아니면 하나님이 우리에게 필요한 "모든 것"을 공급하시는가? 그리스도인은 절대로 주리거나 굶어 죽거나 헐벗게 되지 않는가? 그런데 세상에서 가장 위대한 성인들을 보면 헐벗었거나 굶주린 사람들이 있지 않는가?

히브리서 11장 37, 38절을 보자.

"돌로 치는 것과 톱으로 켜는 것과 시험과 칼로 죽임을 당하고 양과 염소의 가죽을 입고 유리하여 궁핍과 환난과 학대를 받았으니 (이런 사람은 세상이 감당하지 못하느니라) 그들이 광야와 산과 동굴과 토굴에 유리하였느니라."

이 말씀에서 언급된 신자들이 겪은 상실과 비극은 그들의 불신앙 때문이 아니었다. 그들은 신실했다. 실로 "세상이 감당하지 못할" 사람들이었다.

감당 못 할 시험은 없다

그렇다면 "너희는 먼저 그의 나라와 그의 의를 구하라 그리하면 이 모든 것을 너희에게 더하시리라"는 예수님의 말씀은 무슨 뜻인가?

이 말씀은 "너희 중의 몇을 죽이게 하겠고 …… [그러나] 너희 머리털 하나도 상하지 아니하리라"(눅 21:16-18)는 말씀과 같은 뜻이다. 우리가 그분의 뜻을 행하며 영원히 그분 안에서 가장 큰 행복을 맛보는 데 필요한 모든 것을 얻으리라는 예수님의 말씀이다.

과연 우리에게는 어느 정도의 음식과 의복이 필요한가? 또 무엇을 위해 그것을 필요로 하는가? 편안하기 위한 것인가? 아니다. 예수님은 편안함을 약속하지 않으셨다. 부끄러움을 피하기 위한 것인가? 아니다. 예수님은 우리에게 그분의 이름을 위해 기쁨으로 부끄러움을 견디라고 말씀하셨다. 살아남기 위한 것인가? 아니다. 예수님은 어떤 종류의 죽음이든 면하게 하겠다고 약속하지 않으셨다.

박해와 질병이 성도를 삼킨다. 그리스도인이 교수대에서 죽으며 또 질병으로 죽는다. 이것이 바울이 다음과 같이 말한 이유이다. "우리 곧 성령의 처음 익은 열매를 받은 우리까지도 속으로 탄식하여 양자 될 것 곧 우리 몸의 속량을 기다리느니라"(롬 8:23).

예수님의 말씀은, 우리의 하늘 아버지는 우리가 감당 못 할 시험을 절대로 허락하지 않으신다는 뜻이다(고전 10:13 참조). 하나님의 자녀로서 우리가 굶주림의 구렁텅이에서 믿음을 지키기 위해 빵 한 조각이 필요하다면 그것을 얻을 것이다. 하나님은 편안하게 살도록 충분한 음식을 주겠다고 약속하지 않으셨다. 우리가 그분을 신뢰하고 그분의 뜻을 행하기에 충분한 만큼 주겠다고 약속하셨다.[1]

"내가 모든 것을 할 수 있느니라"

바울은 "나의 하나님이 그리스도 예수 안에서 영광 가운데 그 풍성한 대로 너희 모든 쓸 것을 채우시리라"(빌 4:19)고 약속하기에 앞서 이렇게 말했다. "나는 비천에 처할 줄도 알고 풍부에 처할 줄도 알아 모든 일 곧 배부름과 배고픔과 풍부와 궁핍에도 처할 줄 아는 일체의 비결을 배웠노라 내게 능력 주시는 자 안에서 내가 모든 것을 할 수 있느니라"(12, 13절). 여기서 "모든 것"이란 말은 이런 뜻이다. "내게 능력 주시는 자 안에서 나는 배고픔을 견딜 수 있다. 내게 능력 주시는 자 안에

---

[1] 의인의 필요를 항상 채우시리라는 구약의 많은 일반적인 약속을 나는 이렇게 이해한다. 예를 들어 "여호와께서 의인의 영혼은 주리지 않게 하시나 악인의 소욕은 물리치시느니라"(잠 10:3)는 말씀을 보자. 1) 이 말씀은 하나님이 세상을 경영하는 방식, 즉 정직하고 열심히 일하는 사람이 번성하며 넉넉해진다는 것을 생각할 때 일반적으로 참이다. 2) 의인은 그리스도를 위해 인내하지 못할 정도로 주리는 법이 절대로 없다는 의미에서 언제나 절대적으로 참이다. 다음을 보라. John Piper, "'No Evil Will Befall You,' Really? Beware of Satan's Use of Psalms" in *Taste and See: Savoring the Supremacy of God in All of Life*(Sisters, OR: Multnomah, 2005), 46-48.

서 나는 먹을 게 없고 입을 게 없어도 견딜 수 있다."

이것이 예수님의 약속이다. 예수님은 절대로 우리를 떠나거나 버리지 않으신다(히 13:5 참조). 우리가 주리면, 그분은 우리에게 영원하며 생명을 주는 떡이 되신다. 우리가 헐벗음으로 부끄러움을 당하면, 그분은 우리에게 완전하고 의로운 옷이 되신다. 우리가 고문당하고 고통으로 죽어 가며 울부짖으면 그분은 우리가 그분의 이름을 저주하지 않도록 지키시며, 상한 우리의 몸을 영원한 아름다움으로 회복시키신다.

"예수께서 또 이르시되 너희에게 평강이 있을지어다

아버지께서 나를 보내신 것 같이 나도 너희를 보내노라."

(요 20:21)

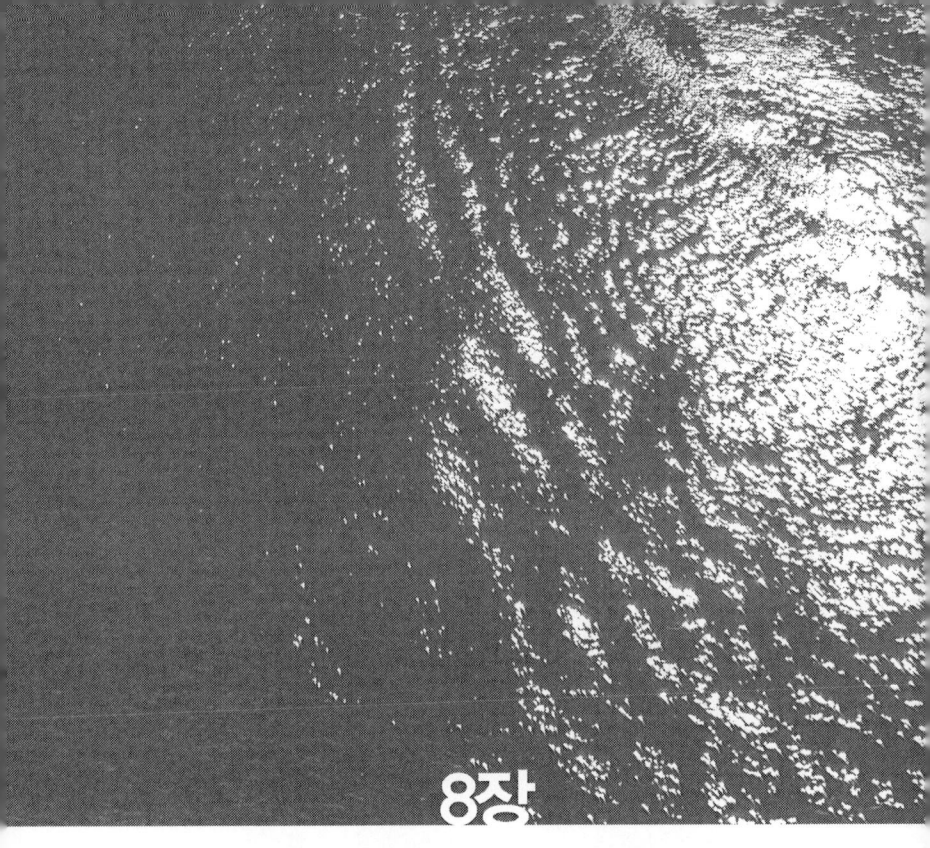

8장

하나님의 사랑이 승리한다

그 무엇도 우리를 그리스도의 사랑에서 끊을 수 없다. 이것이 우리가 그리스도를 위해 모험을 무릅쓸 때 갖는 근본적인 위로와 확신이다.

바울은 이렇게 묻는다. "누가 우리를 그리스도의 사랑에서 끊으리요 환난이나 곤고나 박해나 기근이나 적신이나 위험이나 칼이랴"(롬 8:35). 그러고는 바로 '없다!'라고 답한다. 바꾸어 말하면, 참 그리스도인이 어떤 비참한 일을 겪는다 해도 그 사실이 그가 그리스도의 사랑에서 끊어졌다는 증거는 아니라는 것이다. 그리스도의 사랑은 모든 비참함을 이긴다. 로마서 8장 38, 39절은 이를 수정만큼이나 투명하게 보여 준다.

"내가 확신하노니 사망이나 생명이나 천사들이나 권세자들이나 현재 일이나 장래 일이나 능력이나 높음이나 깊음이나 다른 어떤 피조물이라도 우리를 우리 주 그리스도 예수 안에 있는 하나님의 사랑에서 끊을 수 없으리라."

모든 모험의 끝에서는 결국, 심지어 그것이 죽음일지라도 하나님의 사랑이 승리한다. 이것을 믿을 때 우리는 자유롭게 하나님의 대의를 위해 모험하게 된다. 영웅심이나 모험에 대한 욕구나 자기 신뢰, 하나님의 호의를 얻으려는 노력에서가 아니다. 하나님의 사랑의 승리, 즉 우리가 의를 위해 감수하는 모든 모험의 저편에서 여전히 우리를 붙드시는 하나님을 믿는 어린아이 같은 믿음에서다. 우리는 영원히 하나님 안에서 만족할 것이다. 그 무엇도 허비되지 않을 것이다.

어떻게 넉넉히 이기는가?

그런데 그리스도를 위한 모험을 하도록 우리를 붙드는 약속에는 더 많은 것이 있다.

바울은 묻는다. "만일 하나님이 우리를 위하시면 누가 우리를 대적하리요"(롬 8:31). 바울이 기대하는 대답은 "누구도 대적할 수 없다"는 것이다. 이는 "하나님이 우리를 위하시면 아무도 우리를 대적할 수 없다"는 말과 같다. 지나치게 긍정적인 말처럼 들리지 않는가? 머리가 잘렸는데 머리카락 하나도 상하지 않았다고 말하는 것이다. 이처럼 과장된 표현은 우리가 지금까지 말한 것 이상의 내용을 나타내려는 듯하다. 즉 성도가 죽는다 해도 그리스도에게서 끊어진 것은 아니라는 말 이상의 내용을 전하려는 바울의 의도이다.

"넉넉히 이기느니라"는 말씀에서 그 근거를 찾을 수 있다. "이 모든 일에 우리를 사랑하시는 이로 말미암아 우리가 넉넉히 이기느니라"(롬 8:37). 이 말씀은 무슨 뜻인가? 우리가 하나님을 위해 위험을 감수하고 그 때문에 해를 당할 때 어떻게 넉넉히 이길 수 있는가?

예수 그리스도의 가치를 극도로 높이는 순종의 모험을 하다가 35절에 언급된 원수들 가운데 하나에게, 예를 들면 칼이나 기근의 공격을 받을 때 우리가 "이기는 자"라 불리려면 어떤 일이 일어나야 하는가? 그 답은 절대 예수 그리스도의 사랑에서 끊어지지 않아야 한다는 것이다. 공격자의 목적은 우리를 무너뜨리며, 우리를 그리스도에게서 떼어내며, 우리를 하나님 없는 최종적 파멸로 몰아넣는 것이다. 이러한 목적을 분쇄하고 그리스도의 사랑 안에 남는 자가 바로 이기는 자다. 하나님은 우리가 이기도록 하겠다고 약속하셨다. 우리는 이 약속을 믿기에 위험을 감수한다.

그렇다면 칼이나 기근과 싸울 때 우리가 "넉넉히 이기는 자"라 불리려면 어떤 일이 일어나야 하는가? 성경적으로 대답하자면, 이기는 자는 원수를 물리치지만 넉넉히 이기는 자는 원수를 복종시킨다는 것이다. 이기는 자는 원수의 목적을 무산시키지만 넉넉히 이기는 자는 원수가 자신의 목적에 기여하도록 만든다. 이기는 자는 적을 쓰러뜨리지만 넉넉히 이기는 자는 적을 자신의 노예로 삼는다.

이 말은 무슨 뜻인가? 고린도후서 4장 17절을 빌려 보자. "우리가 잠시 받는 환난의 경한 것이 지극히 크고 영원한 영광의 중한 것을 우리에게 이루게[성취되게, 행하여지게, 이루어지게] 함이니." 여기서 "환난"은 우리를 공격하는 원수 가운데 하나다. 바울이 환난과 싸울 때 무슨 일이 일어났는가?

환난은 바울을 그리스도의 사랑에서 끊지 못했던 게 분명하다. 그뿐 아니다. 환난은 도리어 사로잡혔다. 노예가 되어 바울의 영원한 기쁨에 기여했다. 전에는 원수였던 "환난"이 이제는 바울을 위해 일한다. "영원한 영광의 중한 것"을 위해 바울을 준비시킨다. 바울의 원수가 이제 바울의 노예가 되었다. 바울은 단지 원수를 이기기만 하지 않았다. 그는 원수를 넉넉히 이겼다.

환난은 바울의 믿음의 머리를 자르려고 칼을 들었다. 그러나 믿음의 손이 환난의 팔을 잡아채 오히려 바울의 세상적인 부분을 잘라내게 했다. 환난이 경건과 겸손과 사랑의 종이 되었다. 사탄은 악한 목적으로 환난을 사용하려 했으나 하나님은 환난을 오히려 선으로 바꾸셨다. 원수는 바울의 노예가 되어 바울이 싸우지 않았을 때 얻을 영광보다 훨씬 더 큰 영광을 얻는 데 기여했다. 이런 방식으로 바울은 넉넉히 이겼고, 그리스도의 모든 제자도 넉넉히 이긴다.

영원한 기쁨에 이르는 유일한 길

이것이 우리로 그리스도를 위해 모험하게 하는 힘을 주는 약속이다. 이것은 영웅심에서 나온 충동이나 모험에 대한 욕구나 자기를 신뢰하는 용기나 하나님의 호의를 얻으려는 욕망이 아니다. 이것은 그리스도에 대한 단순한 신뢰, 곧 우리가 하나님을 존귀하게 하는 일을 영원히 기뻐하도록 하나님이 그리스도 안에서 필요한 모든 일을 하시리라는 믿음이다.

우리에게 복을 주려고 준비된 모든 선과 우리를 대적하려고 늘어선 모든 악이 결국은 우리가 십자가만 자랑하고, 그리스도만 높이며, 우리의 창조주만 영화롭게 하도록 돕는다. 이러한 약속에 대한 믿음이 우리를 자유롭게 하여 우리로 위험을 감수하게 한다. 삶을 허비하느니 차라리 잃는 게 낫다는 것을 경험을 통해 깨닫게 한다.

그러므로 그리스도를 위해 모험을 하는 것이 옳다. 원수와 싸우며 "여호와께서 선히 여기시는 대로 행하시기를 원하노라"고 말하는 것이 옳다. 하나님의 백성을 섬기며 "죽으면 죽으리이다"라고 말하는 것이 옳다. 환난의 뜨거운 불 앞에 서서 이 세상 신들에게 절하기를 거부하는 것이 옳다.

다른 모든 길, 안전하고 위험이 없는 길로 간다면 결국은 손으로 얼굴을 감싸고 "내 인생을 허비했다!"라고 말하게 될 것이다. 그러나 하나님의 피로 산 약속을 의지하고 모험의 길로 간다면 그 끝에 영원한 기쁨과 즐거움이 있을 것이다.

사명선언문

너희가 흠이 없고 순전하여……세상에서 그들 가운데 빛들로
나타내며 생명의 말씀을 밝혀 _ 빌 2:15-16

1. 생명을 담겠습니다
만드는 책에 주님 주신 생명을 담겠습니다.
그 책으로 복음을 선포하겠습니다.

2. 말씀을 밝히겠습니다
생명의 근본은 말씀입니다.
말씀을 밝혀 성도와 교회의 성장을 돕겠습니다.

3. 빛이 되겠습니다
시대와 영혼의 어두움을 밝혀 주님 앞으로 이끄는
빛이 되는 책을 만들겠습니다.

4. 순전히 행하겠습니다
책을 만들고 전하는 일과 경영하는 일에 부끄러움이 없는
정직함으로 행하겠습니다.

5. 끝까지 전파하겠습니다
모든 사람에게, 땅 끝까지, 주님 오시는 그날까지
복음을 전하는 사명을 다하겠습니다.

서점 안내

광화문점	서울시 종로구 새문안로 69 구세군회관 1층 02)737-2288 / 02)737-4623(F)
강남점	서울시 서초구 신반포로 177 반포쇼핑타운 3동 2층 02)595-1211 / 02)595-3549(F)
구로점	서울시 동작구 시흥대로 602, 3층 302호 02)858-8744 / 02)838-0653(F)
노원점	서울시 노원구 동일로 1366 삼봉빌딩 지하 1층 02)938-7979 / 02)3391-6169(F)
일산점	경기도 고양시 일산서구 중앙로 1391 레이크타운 지하 1층 031)916-8787 / 031)916-8788(F)
의정부점	경기도 의정부시 청사로47번길 12 성산타워 3층 031)845-0600 / 031)852-6930(F)
인터넷서점	www.lifebook.co.kr